Made in the USA
Middletown, DE
17 August 2023

36914402R00057